BEI GRIN MACHT SICH IHR WISSEN BEZAHLT

AF156982

- Wir veröffentlichen Ihre Hausarbeit, Bachelor- und Masterarbeit

- Ihr eigenes eBook und Buch - weltweit in allen wichtigen Shops

- Verdienen Sie an jedem Verkauf

Jetzt bei www.GRIN.com hochladen und kostenlos publizieren

Bibliografische Information der Deutschen Nationalbibliothek:

Die Deutsche Bibliothek verzeichnet diese Publikation in der Deutschen National-
bibliografie; detaillierte bibliografische Daten sind im Internet über http://dnb.d-
nb.de/ abrufbar.

Impressum:

Copyright © 2016 GRIN Verlag
Druck und Bindung: Books on Demand GmbH, Norderstedt Germany
ISBN: 9783668743809

Dieses Buch bei GRIN:

https://www.grin.com/document/419366

Kristina Reinartz

Mit Franz Werfel durch die Prager Kaffeehäuser

Ein Portfolio zum Seminar "Prager Moderne" mit dem Schwerpunkt "Franz Werfel", Herder-Blätter und die Prager Kaffeehauskultur

GRIN Verlag

GRIN - Your knowledge has value

Der GRIN Verlag publiziert seit 1998 wissenschaftliche Arbeiten von Studenten, Hochschullehrern und anderen Akademikern als eBook und gedrucktes Buch. Die Verlagswebsite www.grin.com ist die ideale Plattform zur Veröffentlichung von Hausarbeiten, Abschlussarbeiten, wissenschaftlichen Aufsätzen, Dissertationen und Fachbüchern.

Besuchen Sie uns im Internet:

http://www.grin.com/

http://www.facebook.com/grincom

http://www.twitter.com/grin_com

Wintersemester 2015/2016

Mit Franz Werfel
durch die Prager Kaffeehäuser

Ein Portfolio zum Seminar ‚Prager Moderne' mit dem Schwerpunkt Franz Werfel,
Herder-Blätter und die Prager Kaffeehauskultur

Ein Portfolio von:

Kristina Reinartz

Inhaltsverzeichnis

Abbildungsverzeichnis

1. Einführung

Prager Moderne. So lautet der Titel des besuchten Seminars im Wintersemester 2015/2016, welches wohl mit einer Exkursion nach Prag Ende März seinen Höhepunkt erreichte. Dieser Titel des Seminars bildet mit Blick auf einen Vortrag von Prof. Weinberg im Literaturhaus einen direkten Zusammenhang zur Exkursion nach Prag. In einem Vortrag über das sogenannte ‚Prager Deutsch' machte er nämlich auf die Problematik dieser Bezeichnung aufmerksam. Da gerade angesichts der Literatur um 1900 in Prag viele Grenzen aufgelöst und im positiven Sinne überschritten wurden, erscheint der Titel des Seminars ‚Prager Moderne' folglich für die gesamte behandelte Thematik passender als etwa ‚Prager deutsche Literatur'.

Dieses Portfolio dient dem Zweck, die eigenen Leistungs- und Lernerfolge sichtbar zu machen, die sowohl aus dem Seminar als auch aus der Exkursion und letztlich ihrer bereits oben angedeuteten Synthese, hervorgehen.

Da der Schwerpunkt der Eigenarbeit im Seminar auf Franz Werfel und auf der Prager Kaffeehauskultur lag und besonders dieser Kultur auch in Prag nachgegangen wurde, soll der Lernfortschritt vor allem hinsichtlich dieser Kernthemen im Portfolio deutlich werden. Zudem beschäftigte ich mich im Seminar auch mit den *Herder-Blättern*, die in dieser Arbeit ebenfalls beleuchtet werden.

Grundsätzlich eröffnete sich mir während der Arbeit im Seminar ein historischer Hintergrund, der das Germanistikstudium in seinem weiteren Verlauf deutlich vereinfacht. Daher wird direkt zu Beginn dieser Arbeit das Gelernte zur Geschichte Prags dargelegt. Bevor ich dann explizit auf Franz Werfel eingehe, bietet eine Übersicht des Arbeitsgruppenthemas ‚Kaffeehäuser in Prag' und des damit Gelernten eine geschlossene Grundlage für die weitere Auseinandersetzung mit dem Autor.

Schließlich erfolgt im Fazit eine Zusammenfassung des wesentlichen Wissenszuwachses, den mir das Seminar samt seiner Exkursion ermöglichte sowie eine subjektive Bewertung des Stellenwertes der zentralen Themen dieser Arbeit.

2. Historischer Hintergrund

Mit der Geschichte Prags eröffnet sich auch ein grundsätzliches Wissen über die gesamte Verteilung Europas um 1900 und den Einfluss des Geschehens auf Literatur im Allgemeinen. Des Weiteren lernt man in diesem Zusammenhang insbesondere die vielen in Prag zeitweilig lebenden Autoren besser verstehen.

Um diesbezüglich ein kleines Beispiel bieten zu können, sei erneut der Vortrag Prof. Weinbergs hinzugezogen, der den zweiten Tag der Exkursion abrundete. Bedenkt man nämlich die allgemeinen wirtschaftlichen und kulturellen Veränderungen, die mit der Jahrhundertwende einhergingen, wird schnell deutlich, dass auch die Fotografie ein seltenes Vergnügen war. Dass wohl der für Deutsche berühmteste Prager Autor Franz Kafka auf seinem berühmten Portrait (siehe Abb. 2) folglich nicht lächelt, begründet zunächst keine labile Psyche, von der in der Literaturwissenschaft im Bezug auf Kafka und vor allem hinsichtlich seiner Beziehung zu seinem Vater plakativ ausgegangen wird.

Die Abbildung wurde aus urheberrechtlichen Gründen für die Veröffentlichung entfernt.

Abbildung 2: Franz Kafka (Dueker 2008)

Um speziell auf die Prager Kultur samt ihrer Literatur eingehen zu können, soll zunächst ein grober Entwicklungsverlauf der Stadt bis zum 20. Jahrhundert einen Überblick verschaffen. Aus eigener Erfahrung bietet sich die Auseinandersetzung mit Prags Entstehungsgeschichte vor Beginn der Moderne an, um die wirtschaftliche, politische und kulturelle Aufruhr, die mit dem Beginn der Jahrhundertwende einherging, zu verstehen. Im Kontext des Seminars wurde diesbezüglich durch Kommilitonen Genaueres erklärt.

2.1 Entwicklung Prags bis zum 20. Jahrhundert

Prags Entstehungsgeschichte reicht bis in die Altsteinzeit zurück. Bereits mehrere hundert Jahre vor Christus herrschte in diesem Talgebiet der Moldau reges Treiben. Die heutigen Tschechen formierten sich im frühen Mittelalter aus verschiedenen Stämmen heraus zu einer Ethnie mit kulturellen Eigenheiten. Aufgrund dieser lässt sich ihre

Niederlassung in Prag bis ins 5. Jahrhundert zurückdatieren. Des Weiteren zeugen viele Bauwerke Prags von seiner Geschichte. Die Burg im Gebiet des heutigen Hradschins, die Fürst Bořivoj I. im 9. Jahrhundert errichten ließ, hatte zur Folge, dass sich Prag nach und nach zum Mittelpunkt Böhmens entwickelte.[1] So wuchs Prag von einer kleinen Siedlung auf der linken Seite der Moldau Ende des 9. Jahrhunderts zu einem Handelsknotenpunkt. Schon zu dieser Zeit erging es den Bewohnern der Stadt im Vergleich zu anderen Völkern im Bezug auf ihren Lebensstandard sehr gut.

Im 11. und 12. Jahrhundert zogen viele deutsche, jüdische und italienische Kaufleute in die Stadt Prag. Trotz hoher kultureller und ethnischer Vielfalt stand der Handel im Vordergrund, weshalb die stark unterschiedlichen Bewohner Prags stets in Verbindung standen.[2] Der jüdische Bewohneranteil verfügte im 13. Jahrhundert über eine geregelte Rechtsstellung mit eigenen Verwaltungsstrukturen und eigener Rechtsprechung. Im 14. Jahrhundert erfuhr die Stadt mit Karl IV. einen bedeutsamen und prunkvollen Aufschwung. Von dieser Zeit zeugt heute noch beispielsweise die Karls-brücke, welche die Altstadt mit der heutigen sogenannten Kleinseite Prags verbindet.[3]

Mit Ende des 14. Jahrhunderts ergaben sich zahlreiche Aufschreitungen, die religiöser bzw. konfessioneller Natur waren. So herrschte zu dieser Zeit nicht nur eines der vielen Judenprogrome, bei dem viele Juden nicht nur vertrieben, sondern auch ermordet wurden, sondern auch Aufstände, die gegen die römisch-katholische Kirche gerichtet wurden. Diese spannungsreiche Zeit und ein damit kriegartiger bürgerlicher Aufstand reichte bis ins 15. Jahrhundert. Ende dieses Jahrhunderts erlangten dann die sog. gemäßigten Hussiten und die Katholiken im Kontext des Religionsfriedens die gleichen Rechte.[4]

Mit dem Habsburger Ferdinand I., der im 16. Jahrhundert zum König ernannt wurde, wurde Böhmen und somit auch Prag bis 1918 Teil des Herrschaftsgebiet der Habsburger.[5] Nach dem gescheiterten Religionsfrieden und dem Einsetzen des Dreißigjährigen Kriegs, der durch den Prager Fenstersturz eingeleitet wurde, wurde nach der Rückeroberung Böhmens 1620 nur noch ein einziger Glaube in Prag akzeptiert. Der römisch-katholische Glaube. Es folgte die Vertreibung der Protestanten.[6]

---

1   Vgl. Weger, Kleine Geschichte Prags, S. 11-15.
2   Vgl. Ebd.
3   Vgl. Stölzl, Prag, S. 45-48.
4   Vgl. Blaschka, Die jüdische Gemeinde, S. 58-87.
5   Vgl. Weger, Kleine Geschichte Prags, S. 55-60.
6   Vgl. Stölzl, Prag, S. 48-51.

2.2 Alltag und Kultur in Prag um 1900

Mit Ende des 18. Jahrhunderts, in dem Kaiser Josef II. herrschte, setzten Reformationen ein, die sowohl Christen und Juden gleichstellen sollten, als auch der Bauernbefreiung dienen sollten. Zu dieser Zeit wurde zudem die Sprache Deutsch zur Amtssprache aller monarchisch geprägten Länder festgesetzt. [7] Mit der Aufklärung um die Jahrhundertwende vom 19. Jahrhundert bis ins 20. Jahrhundert entwickelte sich unter den Bewohnern Prags ein Nationalbewusstsein tschechischer Natur. Daraus ergaben sich zahlreiche Unruhen und Forderungen der Bewohner Prags, die zur gleichen Behandlung sämtlicher Ethnien beitragen und die selbstständige Entwicklung der Nationalität herbeiführen sollten. [8] Vor allem das Problem von Sprache und Repräsentation im Parlament war Ursache der oben genannten Spannungen unter den Bewohnern Prags. So wurde das überwiegend tschechisch-sprachige Prager Volk bis zum Ende der Monarchie 1918 im Parlament von der deutschen Minderheit vertreten.[9]

2.3 Prager Literatur um 1900

Außer Frage steht, dass Autoren, die um 1900 in einer herausragenden Stadt wie Prag verweilten, sämtlichen kulturell, ethnisch, politisch und wirtschaftlich-geprägten Diskussionsbedarf in ihren Werken verarbeiteten. Zunächst lassen sich im Kontext der kulturellen und politischen Verhältnisse dieser Zeit drei Bevölkerungsgruppen unterscheiden, deren literarische Werke sich nicht immer klar hinsichtlich spezifischer Interessen voneinander abgrenzen lassen. Wie während der Exkursion in einem Vortrag von Prof. Weinberg erklärt wurde, muss die Abgrenzung dieser Bevölkerungsgruppen vor allem im Bezug auf ihr literarisches Schaffen mit Vorsicht erfolgen.

> Die sprachlich-politischen und –sozialen Verhältnisse im Böhmen des 19. Jahrhunderts hatten zur Folge, daß es eine ,eindeutige' Identität im Sinn von Einheit und Sprache, Herkunft, subjektivem nationalem Bekenntnis und nationaler Zugehörigkeit nicht gab.[10]

Vor allem Literaten wie Franz Werfel, dessen Weltbild an anderer Stelle angedeutet werden soll, übten eine Art Vermittlerrolle aus, die an die verschiedenen Kulturen Prags

---

[7]   Stölzl, Prag, S. 52.
[8]   Vgl. Weger, Kleine Geschichte Prags.
[9]   Vgl. Ebd.
[10]   Jičínská, Ein Leben in Fiktionen, S. 155.

appellierten und das gemeinsame Wohl aller Bewohner Prags im Sinn hatten und somit auch Brücken zwischen ihren literarischen Vertretern evozierten.

Dennoch lassen sich die genannten Bevölkerungsgruppen mit Berücksichtigung der oben genannten Verflechtungen wie folgt einteilen: Auf der einen Seite stand die deutschsprachige Prager Bevölkerung gegenüber den damaligen Tschechen. Auf der anderen Seite bildeten die jüdischen Bewohner Prags eine weitere Bevölkerungsgruppe, die eigene Interessen verfolgten.

Von allen drei Bevölkerungsgruppen zeugen heute noch verschiedenste Bauwerke, die Raum für das unterschiedlich kulturell geprägte Leben der Bevölkerung boten. So gründet die heutige Staatsoper Prags beispielsweise auf einer Initiative eines deutschen Theatervereins, welcher ein eigenes Schauspielhaus für die deutschsprachige Bevölkerung zu bauen beabsichtigte, welches bis 1938 den Namen *Neues Deutsches Theater* trug.[11]

3. Prager Kaffeehauskultur

Die Kaffeehauskultur in Prag entwickelte sich mit Beginn des 20. Jahrhunderts und bildete seit jeher den Treffpunkt unterschiedlichster Künstler. Wollte man als Autor, Künstler oder Musiker erfolgreich sein, war der tägliche Besuch mehrerer Kaffeehäuser unabdingbar.[12] Da sich alles rund um Literatur des 20. Jahrhunderts hauptsächlich dort abspielte ist es zwingend notwendig, sich diesem Thema zu widmen, wenn man sich mit der modernen Literatur Prags auseinandersetzen möchte. Neben dem Lesen von Zeitschriften, die sowohl nationaler als auch internationaler Natur waren, war es in den meisten Kaffeehäusern zudem möglich, Billard oder Schach zu spielen. Am liebsten diskutierte man jedoch über politische und gesellschaftliche Themen, die neues Material für literarische Werke bekannter Autoren lieferten. Nicht selten fanden regelmäßig Lesungen statt, die für weiteren Diskussionsstoff sorgten.

Während der Arbeit in den Projektgruppen vor Ort wurde schnell deutlich, dass die bis heute bestehenden Kaffeehäuser diese besonderen Eigenschaften auch heute noch bergen. Wer neben den typischen Cafés in einem Kaffeehaus verweilt, hat nicht die Absicht schnell einen Kaffee zu trinken. Es scheint, wie auch zu Zeiten Werfels, kein Konsumzwang zu bestehen. Ohne Zweifel wird deutlich, dass diese liebevoll gestalteten

---

[11]   Weger, Kleine Geschichte Prags, S. 105f.
[12]   Vgl. Köhler, Prager Cafés und Kaffeehauskultur.

Treffpunkte herausragender Literaten, diese während ihres Wirkens inspiriert haben müssen.

Im Folgenden sind die Kaffeehäuser aufgeführt, die im Rahmen der Projektarbeit in Prag von der Arbeitsgruppe aufgesucht wurden und im Nachhinein zu einer Präsentation ausgearbeitet wurden. Meine Aufgabe erfüllte ich zusammen mit einer Kommilitonin mit dem Besuch des *Café Louvre* und dem ehemaligen *Café Arco*. Daher wird diesen zwei Kaffeehäusern im Folgenden besondere Aufmerksamkeit gewidmet.

3.1 *Café Slavia*

Das *Café Slavia* wird im Reiseführer als „einst Rilkes und Kunderas Wohnzimmer" beschrieben.[13] Schnell wird deutlich, dass es sich unter anderem durch dieses Beispiel früher mit den Kaffeehäusern um literarische Zentren auf regionaler Ebene gehandelt haben muss. Thiele-Dohrmann beschreibt das Café als „das nobelste der Literatenlokale, das direkt an der Moldau liegt und von dem man einen schönen Blick auf die Burg und die Prager Kleinseite hat."[14] Dies hängt nicht zuletzt vor allem mit dem Nationaltheater zusammen, welches direkt gegenüber des Cafés im selben Jahr (1884) eröffnete. Zudem heißt es in seinem Buch über die *Europäische Kaffeehauskultur*, dass das *Café Slavia* zwar mittlerweile seit 1990 geschlossen sei, jedoch die Hoffnung auf eine Neueröffnung bestünde.[15] Damit sollte er Recht behalten, denn das Café öffnete im selben Erscheinungsjahr seines Buches wieder seine Türen. Obwohl zu den meisten Besuchern des Cafés Tschechen zählten, trafen sich hier auch vereinzelt Literaten deutscher Sprache wie der oben bereits erwähnte Rainer Maria Rilke oder auch Egon Erwin Kisch. Vor allem in der tschechisch-sprachigen Literatur wurde das Café samt seiner kulturellen Eigenheiten verewigt.[16]

3.2 *Café Louvre*

Wer heute das *Café Louvre* besucht, kommt an einem Informationsstand vorbei, bei dem ein Flugblatt ausliegt. Diesem Flugblatt, welches im Anhang zu finden ist, sind sämtliche hier zusammengefasste Informationen über das Café zu entnehmen. Im Zentrum Prags eröffnete das *Café Louvre* erstmals im Jahre 1902. Es wirbt v.a. mit seiner Billardtischhalle, die bis heute erhalten wurde. Früher trafen sich an maßangefertigten

---

13   Bussmann und Tröger, Prag, S. 130.
14   Thiele-Dohrmann, Europäische Kaffeehauskultur, S. 181.
15   Ebd., S. 182.
16   Vgl. Thiele-Dohrmann, Europäische Kaffeehauskultur, S. 166-183.

unikalen Billardtischen aus den USA die besten Billardspieler der Stadt. Des Weiteren war das Café früher dafür bekannt, dass mehrere Konzerte pro Tag stattfanden. Wie dem Flyer zu entnehmen ist, ließ auch Werfel sich vom Angebot des *Café Louvre* anziehen. Weitere Gäste waren beispielsweise Otto Pick, Max Brod oder Franz Kafka. Zwischenzeitig wurde das Café 1948 von Kommunisten „wegen bourgeoiser Tendenzen geschlossen".[17] Die Einrichtung des Cafés wurde zu dieser Zeit schonungslos aus dem Fenster geworfen. 1992 jedoch erfuhr das Café eine Neueröffnung und repräsentiert bis heute die für das Kaffeehaus typische Kultur. Zu dieser zählt beispielsweise eine große Auslage aktueller Zeitschriften (siehe dazu die Präsentation im Anhang). Auch hat man die Billardhalle rekonstruiert, sodass das *Café Louvre* nicht zuletzt deswegen als Ort zum Verweilen dient.

3.3 *Café Savoy*

Ähnlich wie das *Café Slavia* ist das *Café Savoy*, welches im Jahre 1893 eröffnete, direkt am Moldauufer gelegen.[18] Wie die meisten Kaffeehäuser des 20. Jahrhunderts erfuhr auch das *Café Savoy* einige Jahre nach dem Beginn des neuen Jahrhunderts eine schwierige Zeit. Die prunkvolle Stuckdecke, die das Café in seiner heutigen Form wieder auszeichnet, wurde zwischenzeitig abgehängt, was jedoch der Grund dafür ist, dass diese bis heute unbeschadet geblieben ist. [19] Neben literarischen Größen wie Egon Erwin Kisch, Franz Kafka oder Jaroslav Hašek, besuchte auch Albert Einstein während seiner Zeit in Prag (wie auch das *Café Louvre*) das *Café Savoy*.

3.4 *Café Arco*

Das *Café Arco* befand sich in der Prager Neustadt und stellte v.a. einen Treffpunkt für die deutsche und jüdische Intelligenz der Stadt dar. Zu diesen zählten in der Zeit, als das Café seinen Höhepunkt erlebte, also zwischen den Jahren 1908 und 1918,

Die Abbildung wurde aus urheberrechtlichen Gründen für die Veröffentlichung entfernt.

Abbildung 3: Fassade *Café Arco* - Stand 2016

---

17   Bussmann und Tröger, Prag, S. 130.
18   Vgl. Heisch, Café Savoy.
19   Vgl. Leopold u.a., Cafés in Prag, S. 27.

bekannte Schriftsteller wie Max Brod, Else Lasker-Schüler, Kurt Tucholsky, Ernst Weiß, Franz Kafka und nicht zuletzt Franz Werfel. Zusammenfassend können Literaten rund um den *Prager Kreis* als Stammgäste des Cafés festgehalten werden.[20] Wie es zu seiner Zeit üblich war, wurde auch im *Café Arco* viel gelesen, diskutiert und sich untereinander ausgetauscht. Nach dem Wegzug vieler bekannter Schriftsteller aufgrund des ersten Weltkriegs erfuhr die gesamte Kaffeehauskultur der Stadt Prag ihren Untergang, so auch das *Café Arco*, bei dem eine Neueröffnung im Gegensatz zu anderen Kaffeehäusern scheiterte. Die Abbildung 3 zeigt die Fassade des ehemaligen Cafés, deren Bestand bis heute von der damaligen Relevanz des Cafés zeugt. Besonders geschätzt wurde die vielfältige und immer aktuelle Zeitschriftensammlung, die der Wirt des Cafés bereitstellte, sodass es auch gelegentlich tschechische Schriftsteller ins *Arco* zog. Fortwährend ist die Rede von einem freundlichen Umgang vor allem zwischen Tschechen und Deutschen, sodass sich sogar Freundschaften unter diesen auftaten. Der gelegentliche kulturell grenzüberschreitende Austausch zwischen diesen Parteien war eine Seltenheit, die das *Arco* einzigartig macht.[21]

3.4.1 Das *Café Arco* und Franz Werfel

> Zu den auffälligsten Gestalten unter den deutschen Künstler-Gästen des *Café Arco* gehörte Franz Werfel [...]. Werfel [...] wurde schon als knapp Einundzwanzigjähriger von vielen seiner Bekannten, besonders nach dem außerordentlichen Erfolg seines ersten Gedichtbandes *Der Weltfreund*, als Genie betrachtet.[22]

Denkt man heute an deutschsprachige Autoren aus Prag, kommt einem zunächst Franz Kafka in den Sinn. Das oben stehende Zitat macht deutlich, dass dies auch für Werfel gilt, wenn man das *Café Arco* im Sinn hat. Dies bezeugen Werfels Kollegen in zahlreichen Beschreibungen des Cafés. Demnach brachte Werfel seine lyrischen Werke im *Café Arco* nicht selten öffentlich und unaufgefordert wörtlich dar, zum Nachteil anderer Besucher des *Arcos*, deren Lesungen hier eher selten waren.[23] Der von Thiele-Dohrmann bereits erwähnte Gedichtband Werfels, wurde in die nachstehend beschriebene Zeitschrift integriert. Zweifellos muss diese im *Café Arco* ausgelegen haben und die Werke des jungen Dichters den restlichen Besuchern des Cafés auch ohne Werfels Darbietungen geläufig gewesen sein.

---

20   Vgl. Thiele-Dohrmann, Europäische Kaffeehauskultur, S. 166-183.
21   Vgl. Ebd., S. 176-183. Vgl. außerdem Köhler, Prager Cafés und Kaffeehauskultur.
22   Thiele-Dohrmann, Europäische Kaffeehauskultur, S. 179.
23   Vgl. Mehnert, Kaffeestunde mit Franz Kafka. Vgl. außerdem Jungk, Franz Werfel, S.39-49.

3.4.2 *Die Herder-Blätter*

Bei den *Herder-Blättern* handelt es sich um eine von Willy Haas, Norbert Eisler und Otto Pick herausgegebene Zeitschrift. Die herausgebende Körperschaft bildete die J.-G. Herder Vereinigung Prag. Mit dem erstmaligen Erscheinen der Zeitschrift im April des Jahres 1911, erhielt auch Werfel mit einem Gedichtband Einzug in den Fokus der Prager Literaten. Im darauffolgenden Jahr erschien die Zeitschrift bereits das letzte mal, womit insgesamt 4 Publikationen herausgegeben wurden. Nach dem Debut der Zeitschrift im April 1911 folgten im Februar, Mai und Oktober des folgenden Jahres weitere Ausgaben. Es stellt sich die Frage, weshalb die Zeitschrift den Namen ‚Herder' trägt. Offensichtlich trägt die Zeitschrift den Namen Johann Gottfried Herders, der sich allerdings bereits ein Jahrhundert zuvor einen Namen machte. Laut Wallas diente der Name ‚Herder' als Stellvertreter der humanistischen Zielsetzung des Jugendverbandes und entsprechend nahm sein Name die Vermittlerrolle zwischen Deutschen, Tschechien und Juden ein. Herder gilt u.a. als Entdecker und Förderer der nationalen Eigenständigkeit mitteleuropäischer Völker und handelte als Verfasser des Buches *Vom Geist der Ebräischen Poesie* (1782/83) im Sinne der Autorschaft der Zeitschrift. Das Buch Herders überwindet nationalistische Fronten und antisemitische Vorurteile, welche auch von der herausgebenden Körperschaft der *Herder-Blätter* stets versucht wurden, zu bewältigen.[24]

Autoren die Ihre Werke in der Zeitschrift vereinigten waren Oskar Baum, Martin Beradt, Hugo Bergmann, Petr Bezruč, Ernst Blass, Franz Blei, Max Brod, Paul Gaudel, Albert Ehrenstein, Norbert Eisler, Willy Haas, Kurt Hiller, Franz Janowitz, Franz Kafka, Otto Klaeren, Hermann Koch, Paul Kuh, Jules Laforgue, Max Meli, Robert Michel, Otto Pick, Ernst Popper, Berthold Viertel und nicht zuletzt Franz Werfel, der gerade wegen der Herausgabe dieser Zeitschrift sehr bekannt wurde. Wie bereits erwähnt war es nämlich üblich, sich als Schriftsteller in Kaffeehäusern aufzuhalten und neben dem Diskutieren mit Gleichgesinnten vor allem auch nationale und internationale Zeitschriften zu lesen. Werfel gelang es auf diesem Weg die Aufmerksamkeit seiner bereits weitbekannten Kollegen zu erreichen.

Zu Beginn der ersten Publikation der *Herder-Blätter* findet sich ein Zitat Schellings über die Aufgaben einer Zeitschrift wider, welches das Motto dieser bildet. Ein Vorwort o.ä. findet sich in den weiteren Ausgaben fortan nicht mehr. Über die Bibliothek der

---

[24]   Wallas, Zeitschriften und Anthologien, S. 41f.

Friedrich-Alexander-Universität erhält man Zugriff auf eine Vollversion der *Herder-Blätter*, bei der folgendes Zitat nachzulesen ist:

> Die erste Eigenschaft einer guten Zeitschrift ist unstreitig, daß sie zeitgemäß, wenn auch nicht in jedem Verstande zeitgemäß sei, sie soll auch für das, was noch außer und vor der Zeit liegt und was im Entstehen sich von ihr losgesagt hat, die geschichtlichen Vermittlungsglieder finden, durch welche es an die Zeit herangebracht oder in diese aufgenommen werden kann. Die wissenschaftliche, die religiöse, die sittliche, die künstlerische Bildung ihrer Zeit, dieses werden die Kardinalpunkte sein, die sie ins Auge faßt, wie eben diese am Ende die verborgenen Triebräder der Geschichte selbst sind. Wirken auf die Zeit oder sie fördern kann sie auf zweierlei Art: Indem sie selbst Muster und Beispiele des höheren und besseren Geistes in allen Fächern aufstellt, den sie allgemeiner machen möchte. Sodann indem sie der Zeit zum Urteil und Bewußtsein verhilft über das, was verworren, ungewiß, vieldeutig in ihr sich bewegt. Denn gleichwie es für den einzelnen Menschen nichts unglücklicheres geben kann als über die wesentlichen Dinge kein Urteil zu haben, so auch für eine ganze Zeit, und wie der einzelne Mensch sich durch nichts mehr gefördert fühlt, als wenn ihm ein Urteil über Gegenstände zuteil wird, denen er zuvor nicht beizukommen vermochte, so ebenfalls ein ganzes Geschlecht. Wenn also eine Zeit auch, anarchisch verwirrt, eine Weile jedem, der Frechheit genug hat, verstattet, sich zum Richter und Urteiler aufzuwerfen, so wird sie doch bald der unberufenen Wortführer satt und schmachtet nach der Erquickung eines reinen, scharfen und gesunden Urteils, wodurch sie erst sich selbst wiedergegeben wird.[25]

3.5 Exkurs – Die Neue Kaffeehauskultur

Wie zu Beginn und im weiteren Verlauf dieses Kapitels bereits herausgestellt wurde, lässt sich die Tradition der Kaffeehauskultur, wie sie zu Zeiten Werfels betrieben wurde, auch heute in Prag noch finden. Dies liegt vor allem daran, dass es sich Gastronomen, deren Herz für die Kunst und Kultur des ehemaligen Prags schlägt, zur Aufgabe gemacht haben, diese Tradition aufblühen zu lassen und einige der vorgestellten Kaffeehäuser (und weitere) zum Teil in ihrer ursprünglichen Form erneut zum Leben zu erwecken. Besucher der Kaffeehäuser wie z.B. des *Café Louvre*, beabsichtigen mehr als nur einen Kaffee zu trinken. Sie kommen

Die Abbildung wurde aus urheberrechtlichen Gründen für die Veröffentlichung entfernt.

Abbildung 4: Das *Rock Café* - Fotogalerie

---

25   Schelling, Eigenschaft einer guten Zeitschrift, S.3.

zum Billardspielen, zum Zeitunglesen oder zum Diskutieren über die dem Alltagsstress entnommenen Thematiken. Dass an ehemalige Traditionen angeknüpft wird, wird am fehlenden Konsumzwang und vielen Stammgästen deutlich, die sich untereinander zu kennen scheinen.

Doch nicht nur ehemalige Kaffeehäuser, die einer Wiedereröffnung unterlagen, führen die Tradition der Kaffeehauskultur fort. Mit dem *Rock Café*, das 1990 erstmals seine Pforten öffnete und das während der Exkursion ebenfalls besucht wurde, ist nur eines von vielen neuen Kaffees genannt, die sich der Kunst und Kultur verschrieben haben. Hier haben nicht nur junge Musiker die Chance sich unter Beweis zu stellen. Im Untergeschoss des Cafés, welches vor allem von der Jugend Prags gerne heimgesucht wird, befindet sich eine Kunstgalerie.[26] Das Interesse für Kunst kommt auch im eigentlich Kaffee zum Ausdruck, wie die nebenstehende Abbildung verdeutlicht.

4. Franz Werfel

4.1 Kurze Biographie

Franz Werfel wurde am 10. September 1890 in eine für Prag eher wohlhabendere Familie hineingeboren. Seine Eltern Rudolf und Albine Werfel waren Inhaber einer Handschuhfabrik und gehörten zudem dem deutsch-böhmischen Judentum an. 1909 beendete Werfel das deutsche Gymnasium Stefansgasse, während dessen Besuch Werfel u.a. Freundschaften zu Willy Haas, Max Brod, Franz Kafka und Ernst Polak knüpfte. Nachdem er ein Jahr für eine Hamburger Speditionsfirma arbeitete, trat er zwischen 1911 und 1912 den Militärdienst auf dem Prager Hradschin an. In den weiteren vier Jahren arbeitete Werfel als Lektor beim Kurt Wolff Verlag in Leipzig, bei der die expressionistische Schriftenreihe *Der jüngste Tag* unter seiner Mitverantwortung herausgegeben wurde. Während dieser Zeit lernte er weitere bekannte Schriftsteller wie Rainer Maria Rilke, Hasenclever oder Karl Kraus kennen. Mit dem Ersten Weltkrieg setzte sein Dienst an der ostgalizischen Front ein und später die Versetzung ins Kriegspressequartier. Nachdem er 1918 nach Wien kam und seine Liebe Alma Mahler heiratete, zog sich Werfel aus der Öffentlichkeit zurück. Zwischen 1937 und 1938 ließ sich das Ehepaar nach dem Anschluss Österreichs an das deutsche Reich in Südfrankreich nieder. Mit dem zweiten Weltkrieg folgte dann die Flucht zu Fuß zunächst

---

[26]   Leopold u.a., Cafés in Prag, S. 108.

nach Spanien und dann nach Portugal. Später emigrierte das junge Paar in die USA, wo es 1941 die amerikanische Staatsbürgerschaft erhielt. Bis zum Jahre 1943 erlitt Werfel zwei Herzanfälle. Einen dritten Herzanfall im Jahre 1945 überlebte Werfel nicht. Er starb am 26. August 1945 in Beverly Hills. Zu den bekanntesten Werken Werfels zählen *Die vierzig Tage des Musa Dagh* (1933/47) und *Das Lied der Bernadette* (1941). Sein erster Gedichtband *Der Weltfreund* erschien 1911.[27]

4.2 Zu ausgewählten Gedichten Werfels

Da es um die Prager Literatur um 1900 in dem Seminar ,Prager Moderne' ging, stand vor allem in Bezug auf Werfel *Der Weltfreund* im Fokus. Werfel befand sich nämlich während der Veröffentlichung seines Gedichtbandes als Militärdienstleister hauptsächlich auf dem Prager Hradschin. Mit diesem Gedichtband erlangte Werfel die schlagartige Aufmerksamkeit seiner Zeitgenossen und rückte in den Kreis vieler herausragender Prager Literaten im frühen 20. Jahrhundert. In seinem Band kommt seine humanistische Einstellung u.a. durch einen leicht expressionistischen Schreibstil zum Ausdruck. Die zunehmenden Spannungen und die gesellschaftlichen und kulturellen Veränderungen veranlassten Werfel besonders dazu, sich (vor allem mit diesem Gedichtband) für die Völkerverständigung in Prag einzusetzen. Mit diesem Werk schaffte es Werfel in die bereits oben erläuterte Zeitschrift *Herder-Blätter.*

Im Seminar standen ausgewählte Gedichte aus dem Band *Der Weltfreund* im Zentrum der Diskussion. Im Folgenden möchte ich auf einige Besonderheiten zu diesen ausgewählten Gedichten eingehen, die sich während einer Diskussionsrunde im Seminar ergaben. Zum besseren Verständnis seien die ausgewählten Gedichte aus dem Anhang in Gänze hinzugezogen.

4.2.1 *An den Leser*

Das Gedicht *An den Leser*, welches direkt zu Beginn die Lesart des Gedichtbandes *Der Weltfreund* verdeutlichen soll, stellt Werfels Menschenbild deutlich heraus. Der Grund, warum Werfels Werk mit seinem an Herder orientierten Menschenbild in die oben genannte Zeitschrift integriert wurde, wird in diesem Gedicht offensichtlich. Im Folgenden soll das Gedicht eher hinsichtlich dieses Menschenbildes betrachtet als formal analysiert werden. Dennoch werden in diesem Kontext strukturelle Merkmale des Gedichtes hinzugezogen. So ist z.B. auffällig, dass im Gedicht fortlaufend der

---

[27]   Vgl. Jungk, Franz Werfel.

Kreuzreim herrscht. Inhaltlich wird an dieser Stelle das lyrische Ich stets von seinem Gegenüber, dem angesprochenen Leser, getrennt. Der umarmende Reim zum Schluss des Werkes, der inhaltlich mit der Vereinigung des lyrischen Ichs mit dem Leser einhergeht, stützt die These, dass die Verbrüderung des Kollektivs im Vordergrund steht:

> So gehöre ich Dir und Allen!
> Wolle mir, bitte nicht widerstehn!
> Oh könnte es einmal geschehn,
> Daß wir uns, Bruder, in die Arme fallen.[28]

In der dritten Strophe, in der das lyrische Ich über Gefühle spricht, die es über die dritte Strophe hinaus in Form verschiedener Berufs- und Schichterfahrungen selbst erfährt, kommt Werfels Plädoyer für Empathie, Toleranz und Brüderlichkeit zum Ausdruck. Auch in der zweiten Strophe bedient sich Werfel in prosaischer Schreibweise eines Inhalts, der als Medium des Zusammendenkens fungieren soll. So zeigt das lyrische Ich grausame Erinnerungen auf, die das ‚lyrische Du' und somit alle zu seiner Zeit angesprochenen Leser in ein Schicksal zurückversetzt, das das gesamte Kollektiv zu teilen scheint und sich somit über kulturelle und ethnische Grenzen hinwegsetzt. Mit dem Begriff ‚Kind' lässt sich zudem die These stärken, dass Werfel sich bei seinem Menschenbild nach Herder orientiere. So sei jedes Kind von Natur aus gut und lasse sich über ethnische Grenzen hinweg zum Guten erziehen. An dieser Stelle lässt sich an die Funktion der Zeitschrift im Allgemeinen anknüpfen: Das Lehren, das Erziehen. Dieses Gedicht, erschienen in der Zeitschrift *Herder-Blätter*, impliziert folglich die Erziehung des Lesers, der vor allem zu Zeiten des jungen Werfels kulturellen Differenzen ausgesetzt war, zur Empathie und Toleranz.

Zuletzt bleibt zu diskutieren, ob sich Werfel mit diesem Gedicht im Sinne des Expressionismus sozialkritisch äußert, da vor allem die ärmere Gesellschaft in den Fokus gerückt wird. Zudem evoziert das Bild „ein[es] Gewehr[es] in grüner Armschlinge […]"[29] im unmittelbaren Zusammenhang mit dem Begriff ‚Kind' eine Abwehrhaltung gegenüber dem Thema Krieg. Dass Werfel mit seinem Gedichtband *Der Weltfreund* (trotz der frühen Entstehung dieses Bandes) zumindest der Anfangsphase des Expressionismus zugeordnet werden kann, wird auch im folgenden Gedicht deutlich.

---

[28]   Werfel, Der Weltfreund, S. 110f.
[29]   Werfel, Der Weltfreund, S. 110f.

4.2.2 Pompe funèbre

Pompe funèbre erschien im Seminar insofern interessant, weil es vor allem durch seine schaurigen Motive und rhetorischen Mittel sehr viele expressionistische Züge aufweist, die in dieser Extreme im gesamten Gedichtband nur an dieser Stelle auftreten. Auffällig ist die Zweideutigkeit, die der Titel des Gedichtes impliziert. Lässt sich zunächst der Begriff *pompes funèbres* mit entsprechenden Flexionssuffixen für den Plural als ‚Leichenbestatter' übersetzen, lässt sich die von Werfel gewählte Form im Singular hinsichtlich einer ambigen Behaftung deuten. So könnte mit dem Titel übersetzt auch der ‚prunkvolle Beerdigungsmarsch' gemeint sein und dem Hässlichen eine eigene Ästhetik zugesprochen werden, deren Thematisierung der Expressionismus vor allem in seiner Hochphase regelmäßig hervorbringt. Die Barocke Gedichtform des Sonetts, die Werfel nicht nur an dieser Stelle des Gedichtbandes zur Anwendung bringt, lässt sich ebenfalls dem Expressionismus zuordnen, der sich gerne traditioneller Formen des Barocks bedient.

4.3 Gesamteindrücke zu Franz Werfel

Die folgenden Zeilen richten sich erneut nach den im Seminar zutagegetretenen Eindrücken der Diskussionsrunde über Franz Werfel und nach den vereinzelt besprochenen Werken aus seinem Gedichtband Der Weltfreund. Es kann festgehalten werden, dass Werfel sich nicht nur in seinen jungen Jahren, die er in Prag verbrachte, konstant an seine Ziele und Werte festhält. Er appelliert an die Brüderlichkeit des Menschen und seine Toleranz, wie es auch in dem Gedicht *An den Leser* zum Ausdruck kommt. Sein humanistisches Idealbild behält er über sein ganzes Leben hinweg, wie sich während der Diskussion herausstellte (vgl. Keller 1958). Zudem kann mit Werfel bereits vom einsetzenden Expressionismus gesprochen werden. Er verfolgt das Ziel, seinen persönlichen Blickwinkel über die Gesellschaft in einer kunstvollen Verwendung traditioneller stilistischer Mittel und lyrischer Strukturen in seiner Eigenart zu verdeutlichen. Dass er in seinen Gedichten vor allem ärmere Bevölkerungsschichten thematisiert und dabei deren Ästhetik thematisiert, zeugt von seiner Empathie. So bleibt nicht nur die Annahme über die Doppeldeutigkeit des Titels *Pompe funebre* im Sinne der Ästhetik des Hässlichen bestehen, sondern es zeigt sich diese Thematik auch in anderen Gedichten wie *Junge Bettlerin an der Krücke*: „Liebliche Bettlerin", „schöne

Gebrechlichkeit", „Armut, Gebrest und schwerer Gang, Dies auch, siehe auch dies ist Harmonie."[30]

Zusammenfassend bildet der Gedichtband *Der Weltfreund* angesichts des historischen Hintergrunds eine sehr interessante Vorlage zur Auseinandersetzung mit Werfel, der bis ins junge Erwachsenenalter in Prag literarisch tätig war. Zwar lässt sich bei der geringen Auswahl an Gedichten, die in dieser Arbeit Platz fanden, nicht zwangsläufig autobiographisch auf Werfels Menschenbild schließen, jedoch kann Werfel hinsichtlich seiner expressionistischen Mittel, die er kunstvoll in seinen Gedichten zur Anwendung bringt, einem Interessenskreis zugeordnet werden. Zweifellos äußert sich Werfel kritisch gegenüber gesellschaftlicher Problematiken, die mit der Jahrhundertwende einhergingen. Dass Werfel nicht zuletzt deswegen in Prag nicht heimisch werden konnte, verdeutlicht das dieses Kapitel abschließende Zitat Werfels in einem Interview für das *Prager Tageblatt*:

> Für den Nichttschechen, so scheint es mir, hat diese Stadt keine Wirklichkeit, sie ist ihm ein Tagtraum, der kein Erlebnis gibt. Ein lähmendes Ghetto, ohne auch nur die armen Lebensbeziehungen des Ghetto zu haben, eine dumpfe Welt, aus der keine oder falsche Aktivität herkommt.[31]

---

[30]   Werfel, Der Weltfreund, S. 35.
[31]   Abels, Franz Werfel, S. 7f.

5. Fazit

Während des Seminars und vor allem auch im Zuge der Exkursion habe ich mich intensiv weiterbilden können. Ich habe nicht nur insgesamt die Relevanz Prags im Bezug auf Literatur kennengelernt, sondern auch direkten Zugang zu einem Thema bekommen, das die Stadt Prag mit ihren berühmten Autoren verbindet: Die Kaffeehauskultur. Einmal selbst an Orten zu sitzen, an denen einst herausragende Literaten wie Franz Werfel, Kafka, Max Brod und weitere Eliten der damaligen Zeit aktiv Kultur herbeigeführt haben, versetzt einen ins Tagträumen über die Geschehnisse der Zeit um 1900.

Der historische Hintergrund, der während des Seminars wiederholt thematisiert wurde, der in Prag selbst in Bauwerken und Stadtführungen evident wurde und mit dem ich mich persönlich beim Erstellen dieser Arbeit auseinandersetzte, eröffnet ganz neue Lesarten im Bezug auf die Werke der jungen Prager Schriftsteller des 20. Jahrhundert. Dies wird vor allem an den Gedichten Werfels deutlich, die zu seiner Zeit (veröffentlicht in der Zeitschrift *Herder-Blätter*) sämtlichen Künstlern und Literaten über ethnische Grenzen hinweg geläufig waren. So setzte er sich offensichtlich in beginnender expressionistischen Art und Weise für die Völkerverständigung ein und öffnet sich gesellschaftskritisch über die Geschehnisse der Jahrhundertwende.

Kein Zweifel bleibt bestehen, dass das Kaffeehaus ein Ort war, an dem junge Literaten zusammentrafen, um dem Alltag zu entfliehen und diesen zu verarbeiten. Auch heute bleibt jede Form des Konsumzwangs außerhalb der Türen sämtlicher Kaffeehäuser, die die Kultur des 20. Jahrhunderts in ihrer ganz eigenen Art aufblühen lassen. Es kann kein adäquates Studium der Prager Literaten erfolgen, ohne dabei die Bedeutung des Kaffeehauses zu thematisieren. Auf diese Weise lässt sich ein unmittelbarer Zusammenhang der damaligen Geschehnisse zur heutigen Zeit herstellen. Das Geschehene wird greifbar, die Literatur noch spannender.

Erst wenn man die verschiedenen gesellschaftlichen Netze der Künstler um 1900 verinnerlicht, deren Zentren die Kaffeehäuser bilden, werden intertextuelle Bezüge deutlich. Wo Brücken zwischen ethnischen Kulturen durch Kaffeehausbesuche entstehen, verschwimmen Grenzen, die Werfel in seinen Gedichten kritisch beleuchtet. Wie dem Gedicht *An den Leser* zu entnehmen ist, fordert er zur Empathie und Toleranz auf, er bewegt zur Brüderlichkeit, die in einem umarmenden Reim, in der inhaltlichen Umarmung auf verschmelzende Weise selbst zum Ausdruck kommt. Die Tatsache, dass dieses Gedicht sämtlichen literarischen Vertretern in Kaffeehäusern zuteil wurde und dass somit gerade in den verschiedenen Kaffeehäusern an die Brüderlichkeit appelliert wurde, spiegelt die Kraft der Kaffeehauskultur wider, die es möglich machte, Grenzen zu überwinden und Brücken zwischen den damaligen verschiedenen kulturell geprägten Ethnien zu bauen.

6. Literaturverzeichnis

Primärliteratur:

Schelling, Friedrich W.-J.: Die Eigenschaft einer guten Zeitschrift. In: Herder-Blätter 1
    (1911), S. 3.
Werfel, Franz: Der Weltfreund. Gedichte. Berlin/ Charlottenburg 1911.

Sekundärliteratur:

Abels, Norbert: Franz Werfel. Reinbeck bei Hamburg 1990.
Blaschka, Anton: Die jüdische Gemeinde zu Ausgang des Mittelalters. In: Paul Steindler
    und Julius Bunzl-Federn (Hg.), Die Juden in Prag. Prag 1927, S.58-87.
Bussmann, Michael und Gabriele Tröger: Prag. (o.O.) 2013.
Heisch, Laura (2014): Café Savoy.Prag. URL: http://www.prag-aktuell.cz/cafe-savoy-
    prag (zuletzt aufgerufen am 30.04.2016).
Jungk, Peter S.: Franz Werfel. Eine Lebensgeschichte. Frankfurt am Main 1988.
Köhler, Niels (2016): Prager Cafés und Kaffeehauskultur. URL: http://tschechien-
    online.org/magazin/2007/07/19/prager-cafes-und-kaffeehauskultur/ (zuletzt
    aufgerufen am 22.04.2016).
Leopold, Nicole, Oliver Heinl und Libor Studnička: Cafés in Prag. Die 50
    interessantesten Prager Kaffeehäuser. Nürnberg1996.
Mehnert, Volker (o.J.): Kaffeestunde mit Franz Kafka. Ein Bummel durch die
    Kaffeehäuser von Prag. URL: http://www.schwarzaufweiss.de/tschechien/prag-
    cafes.htm (zuletzt aufgerufen am 22.04.2016).
Stölzl, Christoph. Prag. In: Hartmut Binder (Hg.), Kafka-Handbuch. 1/2, Stuttgart 1979,
    S.40-100.
Thiele-Dohrmann, Klaus: Europäische Kaffeehauskultur. Düsseldorf/Zürich 1997.
Jičínská, Veronika: Ein Leben in Fiktionen: Die Prager Jahre von Fritz Mauthner. In:
    Klaus Schenk (Hg.), Moderne in der deutschen und der tschechischen Literatur.
    Tübingen / Basel 2001, S. 155-166.
Wallas, Armin A.: Zeitschriften und Anthologien des Expressionismus in Österreich .
    München 1995.
Weger, Tobias: Kleine Geschichte Prags. Regensburg 2011.

7. Anhang

7.1 Handout zum Referat – Franz Werfel und die Kaffeehauskultur

Kaffeehausliteratur

- Begriffsdefinition: Werke unterschiedlicher Schriftsteller wurden ganz oder teilweise in einem Kaffeehaus geschrieben
- Zentrum dieser Literaturform war Wien, aber auch in anderen europäischen Städten wie London, Paris und Prag bildete sich diese Literatur, jedoch kaum in Deutschland
- Das Kaffeehaus diente den Autoren als Inspiration für unterschiedliche Sozialstudien, Gesellschaftskritiken und Gelegenheitsliteratur
- Da noch kein Konsumzwang herrschte, hielten sich viele Literaten stundenlang in Kaffeehäusern auf, um sich gegenseitig auszutauschen, Zeitungen zu lesen und Kritiken zu diskutieren

Die Prager Kaffeehauskultur und -literatur

- Die Prager Kaffeehauskultur entwickelte sich erst Anfang des 20. Jahrhunderts
- Die Prager Kaffeehäuser entwickelten sich schnell Treffpunkt unterschiedlichster Künstler
- Wer damals als Künstler etwas auf sich hielt, besuchte mindestens zwei bis drei Kaffeehäuser pro Tag
- Dort wurde nicht nur in den zahlreichen, meist internationalen Zeitschriften gelesen, sondern auch Billard oder Schach gespielt und über Politik und Gesellschaft diskutiert

Das Café Arco

- Das Café Arco ein Kaffeehaus in der Prager Neustadt
- Hier traf sich die meist deutsche und jüdische Intelligenz der Stadt -> Pendant: Café Union
- Hatte seinen Höhepunkt zwischen den Jahren 1908 und 1918
- Es trafen sich: Franz Werfel, Max Brod, Else Lasker-Schüler, Kurt Tucholsky, Ernst Weiß und Franz Kafka (Literaten), aber auch Egon Adler (Maler) und Alfred Kubin (Zeichner)
- Hier wurde, wie in Wien, gelesen, diskutiert und sich gegenseitig ausgetauscht
- Lesungen wurden eher selten abgehalten, da der Schriftsteller Franz Werfel seine Gedichte beinahe täglich auch unaufgefordert darbrachte (zur Verärgerung der Kundschaft)
- Durch den Wegzug vieler bekannter Schriftsteller nach dem Ersten Weltkrieg erlosch der kulturelle Stern des Cafés sowie der ganzen Stadt Prag (ähnlich wie Wien)
- Heute ist das berühmte Café zu einem unbedeutenden kleinen Restaurant herabgesunken

Die Herder-Blätter

- Zeitschrift mit dem Titel: Herder-Blätter, benannt nach Johann Gottfired Herder (1744)
- Herausgeber: Willy Haas, Norbert Eisler und Otto Pick
- Herausgebende Körperschaft: J.-G. Herder-Vereinigung Prag
- Erstmaliges Erscheinen: 1911
- Letztes Erscheinen: 1912
- Insgesamt 4 Publikationen
- Humanistische Zielsetzung des Jugendverbandes in der Zeitschrift zum Ausdruck gebracht
- Beiträge von: Oskar Bau, Martin Beradt, Hugo Bergmann, Petr. Bezruc, Ernst Blass, Franz Blei, Max Brod, Paul Gaudel, Albert Ehrenstein, Norbert Eisler, Willy Haas, Kurt Hiller, Franz Janowitz, Hand Janowitz, Franz Kafka, Otto Klaeren, Hermann Koch, Paul Kuh, Jules Laforgue, Max Meli, Pobert Michel, Otto Pick, Ernst Popper, Berthold Viertel, Franz Werfel
- Motto der Zeitschrift bildet Zitat Schellings zu Beginn der ersten Publikation
- Franz Werfel mit *der Weltfreund* in erster Publikation

Die Abbildung wurde aus urheberrechtlichen Gründen für die Veröffentlichung entfernt.

Franz Werfel

- * 10. September 1890 in Prag, † 26. August 1945 in Beverly Hills
- Sohn einer wohlhabenden Familie (Handschuhfabrik) des deutsch-böhmisch Judentums
- 1909: Reifeprüfung am Deutschen Gymnasium Stefansgasse
- 1910: Volontariat bei einer hamburgischen Speditionsfirma
- 1911/12: Militärdienst auf dem Prager Hradschin
- 1912-15: Lektor beim Kurt Wolff Verlag Leipzig
- 1915-17: Dienst an der ostgalizischen Front -> Versetzung ins Kriegspressequartier

- 1918: Reise nach Wien, Bekanntschaft mit Alma Mahler (Witwe des Gustav Mahler) -> 1929 Heirat -> Rückzug aus der Öffentlichkeit
- 1937/38: Niederlassung in Südfrankreich nach dem „Anschluss" Österreichs an das Deutsche Reich
- 1940: Aufbruch nach Spanien (zu Fuß über die Pyrenäen) -> Portugal -> Emigration in die USA
- 1941: amerikanische Staatsbürgerschaft
- 1943: zwei Herzanfälle
- 1945: Tod im Alter von 54 Jahren durch Herzinfarkt
- bekanntesten Werke:
  - „Die vierzig Tage des Musa Dagh" (1933/47) und
  - „Das Lied der Bernadette" (1941)
  - „Der Weltfreund": ist sein erster Gedichtband, erschien 1911
- pflegte intensive Freundschaften mit Max Brod, Willy Haas, Franz Kafka, Ernst Deutsch und Ernst Polak

Der Weltfreund

- von Werfel verfasster Gedichtband (1911)
- machte Werfel schlagartig berühmt
- Expressionistische Lyrik: humanistische Einstellung Werfels kommt zum Ausdruck
- Werfel setzte sich in einer Zeit zunehmender Spannungen für Völkerverständigung ein

Mögliche Fragestellungen

- Expressionismus?
- Zerfall der Werte?
- Religiöse Themen?
- Hoffnung auf universale Erlösung und Verbrüderung der Welt?
- Menschenbild?

Quellen:

- J.-G. Herder-Vereinigung (Hg.): Herder-Blätter. Prag, 1911.
- Veigl, Hans (Hg); Lokale Legenden – Wiener Kaffeehausliteratur, Wien, 1991
- Wallas, Armin; Zeitschriften und Anthologien des Expressionismus in Österreich. Analytische Bibliographie und Register, München, 1995.
- http://www.kafkaesk.de/kafka-und-prag/prag-um-1900/prag-cafehauskultur/cafe-arco.html
- http://tschechien-online.org/magazin/2007/07/19/prager-cafes-und-kaffeehauskultur/
- http://www.schwarzaufweiss.de/tschechien/prag-cafes.htm
- http://www.wissen.de/lexikon/werfel-franz-der-weltfreund

7.2 Präsentation zur Kaffeehauskultur

*Die Präsentation wurde aus
urheberrechtlichen Gründen für die
Veröffentlichung entfernt.*